AF311343

LE TEMPLE

DE LA

FÉLICITÉ PUBLIQUE,

FIGURÉ

PAR LE FEU DE JOIE,

ÉLEVÉ PAR LES SOINS DE MESSIÈURS
les Lieutenant, Gens du Conseil, Échevins, Gouverneurs
de la Ville de Reims,

Et tiré devant l'Hôtel de Ville, pour la Naiſſance de Monſeigneur
le Duc de Bourgogne, le Lundi 18 Octobre 1751.

A REIMS,

Chez Regnauld Florentain, Imprimeur du Roi, rue de
Tambour, à la Bible d'Or. 1751.

Jam nova progenies cœlo demittitur alto
Jam redit & virgo, redeunt Saturnia Regna.

Virg. Eclog. IV.

LE TEMPLE

DE LA

FÉLICITÉ PUBLIQUE.

A Naiſſance de Monſeigneur le Duc de Bourgogne, eſt un événement qui met tout à la fois le comble aux vœux de Sa Majeſté, à ceux de Monſeigneur le Dauphin, & au bonheur des Peuples.

La Ville de Reims, toujours diſtinguée par ſon empreſſement à ſignaler ſon zéle dans les circonſtances qui intéreſſent Sa Majeſté & la félicité de ſon Royaume, a voulu donner un Spectacle digne de l'amour & de la reconnoiſſance dont elle eſt ſi vivement pénétrée pour

A ij

les bienfaits dont Sa Majefté vient de la combler, & qui lui fourniffent les moyens de hâter l'exécution des Fontaines amenées dans l'enceinte de fes Murs. Elle a cru devoir profiter des circonftances de la joie publique pour reconnoître une faveur auffi honorable ; & au plaifir de fe conformer aux intentions de Sa Majefté, en formant des alliances, elle a joint la fatisfaction de faire éclater les mouvemens de fa gratitude. [a]

[a] Sa Majefté a accordé à la Ville de Reims, pour remplir cet objet, la fomme de cent quatrevingt mille livres.

[b] Ce Temple fut bâti par les foins de Lépidus. *Dion. Livre 44.*

Le Temple de la Félicité publique, par une imitation de celui qui fut élevé dans Rome fous le plus grand & le meilleur des Empereurs [b], eft le monument qui a paru au Confeil de Ville le plus propre à exprimer fes fentimens pour un Prince qui fait revivre les vertus d'Augufte.

Cet Édifice, d'Ordre Corinthien, a cinquante-cinq pieds d'élévation & vingt pieds de face, fur un Plan octogone, élevé fur cinq dégrés de marbre ; les Pilaftres, auffi de marbre, font pofés fur des Piédeftaux couronnés de leur Entablement : dans les grandes Faces s'ouvrent quatre Portiques en plein ceintre, ornés de leur Impofte & Archivolte, chargés de Caducées, de Carquois, & des Armes de France & de Bourgogne : ces Portiques découvrent l'intérieur du Temple.

Dans les Pans coupés de l'Édifice du Temple, font placées quatre Figures héroïques posées fur leurs Piédeftaux, au bas de chacun defquels on lit dans un Cartouche quatre Vers, qui ont raport à la Figure. Au deffus font des Médaillons en camaïeux, rehauffés d'or, fufpendus par des Mafcarons.

Une Baluftrade, auffi octogone, furmonte l'Entablement ; dans les Pans coupés font des Bas-reliefs, & les Infcriptions qui y ont raport font placées dans la Frize : fur les Tablettes des Piédeftaux font pofés des Groupes d'Amours & des Vafes.

Au niveau de la Corniche. s'éleve un Attique, fur lequel eft apuié un Dôme de figure octogone, enrichi de Guirlandes ; au fommet du Dôme eft un Amortiffement qui porte la Figure de la Renommée terminant l'Édifice du Temple.

Chaque Figure placée dans les Pans coupés devient, par le caractere qui lui eft propre, la Divinité tutelaire du Temple ; ces Figures font la Paix, Minerve, la Force, & l'Abondance.

La Paix tenant d'une main un Rameau d'Olivier, & de l'autre un Flambeau avec lequel elle brûle un Trophée d'Armes, pour annoncer que fon Regne eft plus que jamais affûré par la Naiffance du jeune Prince.

A jamais fous mes pieds que la Difcorde expire,
L'Amour qui vient de naître écarte fes forfaits;
Et de Lo u ı s l'heureux Empire,
Deviendra pour toujours celui de mes bienfaits.

L'Abondance, caractérifée par la Corne d'Amalthée qu'elle tient dans fes bras, promet au Peuple fes bienfaits.

Peuples, un Fils du Sang des Dieux,
De mes faveurs pour vous eft la douçe efpérance;
Mes Dons verfés à fa Naiffance,
Par les mains de L o u ı s combleront tous vos vœux.

Minerve portant d'une main le Livre de fes Loix, & de l'autre des Deffeins d'Architecture & de Mathé- matique, femble exprimer que le Duc de Bourgogne, inftruit par les leçons de la Sageffe, fera un jour la gloire & le protecteur des beaux Arts.

Un Éleve nouveau, formé par mes Oracles,
De ce Temple facré fera le ferme apui;
Il croîtra pour fa gloire, & deux Héros en lui,
Verront de leurs vertus retracer les miracles.

7

La Force, armée d'une Maſſue, terraſſe à ſes pieds une Hydre repréſentant la Diſcorde.

> FRANCE, qu'à tes regards mes Armes, mon courage,
> N'annoncent déſormais la crainte ni l'horreur ;
> Sous les yeux de LOUIS elles n'ont d'autre uſage,
> Que d'affermir la Paix, ta Gloire & ton bonheur.

EXPLICATIONS

Des Deviſes & des Emblemes peints ſur les Médaillons placés au deſſus de chaque Figure.

Au Deſſus de la Paix une Aurore dont l'éclat prompt & lumineux diſſipe en un moment les ténebres de la nuit, & ramene le Soleil, pour exprimer le moment imprévu, où nâquit Monſeigneur le DUC DE BOURGOGNE, dont la naiſſance éveilla la Cour & tout Paris, & preſſa le retour du Roi à Verſailles.

> *Luce fugat ſomnos, Solemque reducit.*

> Je parois dans les airs, & ſoudain ma lumiere
> Des mortels aſſoupis écarte le ſommeil ;
> A peine j'ouvre ma carriere
> Que je ramene le Soleil.

Le Signe de la Balance, ſous lequel eſt né Monſei-

8

gneur le Duc de Bourgogne , dont l'heureuſe Naiſſance aſſûre plus que jamais l'ordre de la ſucceſſion dans la Branche Régnante.

Ex me invariabilis ordo.

De cet ordre immortel qui meſure les tems ,
J'annonce la marche aſſûrée ;
Et mon retour d'éternelle durée ,
Doit triompher & du ſort & des ans.

◆§§◆

Une figure de Dauphin d'où ſort une eau jailliſſante, avec ces Mots :

Ex me utile, dulce fluit.

De moi, ſigne toujours aimable ,
Pour vous coule un nouveau préſent ,
Goûtez‑en à longs traits le charme bienfaiſant ,
Peuples, il réunit l'utile & l'agréable.

◆§§◆

Au deſſus de la Force, dans un brillant Parterre , un Myrte & un Olivier entourés d'un jeune Lis, qui ſemble les unir plus étroitement.

Fortiùs ac meliùs

Rameaux ſacrés, qu'aujourd'hui j'environne,
Plus que jamais vous ſerez précieux ;
Et la force que je vous donne ,
En m'uniſſant à vous, embélira vos nœuds.

◆§§◆

Un

Un Trône d'or chargé des Armes de France, sur lequel s'apuie de chaque côté un Amour, qui en affûre la ftabilité.

Fulcitur utrinque.

Trône, que de L o u i s la Famille féconde
   Affranchira de l'Empire des ans,
A jamais tu verras fur toi fes defcendans
Servir d'exemple aux Rois & d'ornement au monde.

Une Couronne d'or à laquelle un Amour attache un Diamant, qui fert à l'affermir & à augmenter fon éclat.

Et Robur & Decus addit.

Enfant de la Félicité,
Quel éclat en naiffant t'annonce & t'environne !
   Ta main donne à cette Couronne
D'un ornement nouveau la folide beauté.

Au deffus de Minerve, on voit autour du Berceau du jeune Prince, Mars, Apollon, & Minerve. Ces Divinités fe félicitent d'un Éleve fi propre à honorer les bienfaits dont elles s'empreffent de le combler.

Quifque fuo fe jactat alumno.

Sur ce nouvel Éleve, à l'envi, fans mefure,
   Divinités, répandez vos bienfaits ;
Il fçaura tour à tour les rendre avec ufure,
Et toujours les Bourbons furpaffent vos fouhaits.

B

Deux grands Palmiers au bas defquels eſt un jeune Palmier, qui fort de leur Tige commune.

Æquabitur illis.

Sorti d'une Tige immortelle,
Mon fort eſt d'égaler les Arbres les plus beaux;
Dans peu je ferai digne d'elle
Par la hauteur de mes rameaux.

Le Chef d'un Eſſain d'Abeilles leur montre un jeune Rejetton auquel il vient de donner le jour; il abandonne à la République cet Héritier deſtiné à la gouverner, pour faire alluſion au ſentiment noble & généreux de Monſeigneur le Dauphin, qui, à la Naiſſance de Monſeigneur le Duc de Bourgogne, dit que ce Prince étoit l'Enfant de toute la France.

Genti, non mihi naſcitur Heres.

Cet Héritier qui de moi tient le jour,
Peuple, eſt à vous plus qu'à moi-même;
Vous l'inſtruirez par votre amour
A vous chérir autant que je vous aime.

Au deſſus de l'Abondance, une Aigle portant ſon jeune Aiglon, & volant entre le Soleil & ſon parélie, pour exprimer la joie qu'à la Naiſſance de Monſeigneur le Duc de Bourgogne Madame la Dauphine fit éclater en préfence du Roi & de Monfeigneur le Dauphin.

Ut Nato, inter utrumque, fuperbit.

Ces feux éblouïffans qui frapent l'Univers,
Superbe Aiglon, n'ont rien dont tes regards s'étonnent,
Et le double éclat qu'ils te donnent
Dit que mon Sang eft fait pour l'Empire des airs.

Un Oranger couvert de fleurs, au bas de fa Tige une Orange que la maturité a fait tomber, & que le tems a rendu plus douce & plus agréable.

Tempore dulcior exit.

Le fruit que je viens de répandre,
Par fa beauté charme les yeux;
Et le tems qui l'a fait attendre,
Le rend encor plus précieux.

Pour marquer la joie générale que les Peuples témoignent par les Feux & les Illuminations à l'occafion de la Naiffance du Prince. Une main tenant un verre ardent expofé aux rayons du Soleil; & au deffous plufieurs feux qui s'alument.

Fæcundus Calor excitat Ignes.

Par mes feux j'anime le monde ;
Mes ardeurs le rendent heureux :
Et c'eſt à ma chaleur féconde
Que s'allument mille autres feux.

DESCRIPTION

Des Bas-reliefs placés dans les Pans coupés de la Baluſtrade.

Le premier Bas-relief offre à côté de l'Hiſtoire, le Deſtin qui montre au jeune Prince le Portrait de Monſeigneur le DUC DE BOURGOGNE, Pere de Sa Majeſté. Pour annoncer qu'un jour cet Enfant, que la France tient dans ſes bras, aura les rares vertus de ſon Biſaïeul ; il lui adreſſe par alluſion à ces mots de Virgile , *Tu Marcellus eris* , ces paroles :

Tu Burgundus eris.

Sous ce nom qui promit à des Peuples heureux
Un Sage ſur le Trône , & dans un Maître un Pere,
Croiſſez , beau Rejetton d'une Tige ſi chere ,
Vous aurez ſes vertus & des jours plus nombreux.

Dans le ſecond Bas-relief, Lucine apuiée ſur un Berceau d'or, où eſt le Prince nouveau né, invite le le Tems, les Heures, les Parques & la Santé, à conferver les jours du jeune Prince, à la Naiffance duquel elle vient de s'intéreffer d'une façon fi marquée : pour les y engager, elle leur adreffe ces mots :

Magnum Jovis incrementum. Virg. Eclog. iv.

Des mortels en naiffant, vous qui réglez le fort,
Sur celui dont mes foins ont hâté la Naiffance
Signalez votre bienfaifance :
Le plus pur fang des Dieux eft le fang dont il fort.

Le troifiéme Bas-relief, préfente Jupiter fur un trône de nues : l'Amour & l'Hymen prenant leur effort croifent leurs flambeaux allumés : & fur la terre on voit des Autels où Jupiter veut qu'ils uniffent les cœurs des mortels, hommage pour lui plus touchant que toutes les autres Offrandes : pour marquer la volonté de Sa Majefté, qui, toujours attentive au bonheur de fes Peuples, a ordonné qu'on confacrât à former des alliances, les dépenfes que le zéle public deftinoit à célébrer la Naiffance de Monfeigneur le D u c d e B o u r g o g n e.

Ferte citi flammas, date tela & jungite dextras.

Volez, Amour, Hymen; defcendez fur la terre,
Que vos flambeaux unis brillent pour les mortels:
Peu jaloux des refpects qu'attire le tonnerre,
Je ne veux que l'encens offert fur vos Autels.

Le quatriéme Bas-relief, fait voir la Déesse de la Peinture accompagnée de Vénus ; elle montre au jeune Prince, foûtenu dans les bras d'une des trois Graces, le Portrait de Madame la Dauphine, avec ces mots de Virgile.

Incipe parve Puer, rifu cognofcere Matrem. Virg. Liv. 6.

> Aimable Enfant, qui viens de naître,
> Contemple celle à qui tu dois le jour ;
> Par fon fourire elle te fait connoître
> Qu'elle eft la Mere de l'Amour.

Sur les Angles de la Baluftrade font pofés quatre Groupes de Génies.

Le premier repréfente deux Amours couronnés de Pampres & de Lierre, rempliffant leurs Coupes des plus délicieufes liqueurs, avec ces mots :

Ifte dies Genialis agatur.

Le fecond offre deux autres Enfans couronnés de fleurs, tenant des Corbeilles remplies de rofes & de lis qu'ils répandent à pleines mains, avec ces mots :

Manibus date Lilia plenis. Virg. Liv. 6.

Le troifiéme montre un Groupe d'Amours avec des Couronnes de Myrte & d'Olivier, armés de Carquois, & tenant en main des Arcs tendus.

Nec vim tela ferunt. Virg. Liv. 7.

Le quatriéme retrace le Génie de la France & celui
de la Bourgogne., uniſſant tendrement des Boucliers
ſur leſquels ſont peintes les Armes de France & de
Bourgogne.

Non ut olim.

Au deſſus du Dôme s'éleve une Renommée prenant
ſon effort dans les airs ; ſur la Bandelette de ſa Trom-
pette on lit ces mots : *Felicitas Publica.*

L'intérieur du Temple découvre au milieu l'Autel de
la Félicité publique, élevé ſur trois dégrés de marbre,
ſur lequel eſt un Foyer deſtiné à recevoir les parfums
que brûle un jeune Amour. Autour du Ceintre de
l'Autel on lit ces Vers de Tibulle :

Dicamus bona verba, venit natalis ad aras ;
Urantur pia thura focis, urantur odores.

Les Parois du Temple offrent une nouvelle Architecture, d'Ordre Corinthien ; ſur la bordure ſont répandues
les Armes de France & de Bourgogne, les Flambeaux
de l'Amour & de l'Hymen ; & dans des Cartouches
rehauſſés d'or on lit les Inſcriptions ſuivantes, qui an-
noncent la joie publique.

I.

Ipſe ſuos adſit Genius viſurus Honores
Cui decorent ſanctas mollia ſerta genas.   Tib.

I I.

Bacche veni , dulcisque tuis è cornibus uva
Pendeat, & spicis tempora cinge Ceres. Tib.

I I I.

At tu natalis multos celebrande per annos
Candidior semper , candidiorque veni ! Tib.

I V.

Dum festiva novis fumant Altaria flammis,
Urat vestra , Remi , pectora vivus amor.

L'intérieur du Temple n'étoit éclairé que par la lueur du Foyer de l'Autel, & cette foible lumiere répandoit dans le Temple une obscurité mystérieuse qui en augmentoit la majesté.

A chaque côté de l'Hôtel de Ville sont placées deux Figures, l'une représentant la Ville de Reims couronnée de Tours, contemplant l'Image du jeune Prince, préférablement aux Monumens qui lui restent de Jules César.

Arcs superbes, des ans qui bravez les outrages ,
Vos Héros n'ont plus rien qui flate mes regards ;
L'Amour que je contemple a seul tous mes hommages :
Un Bourbon m'est plus cher que Rome & ses Césars.

De

17

De l'autre côté la Nymphe de la Vesle, engage ses
Naïades à s'unir à la joie publique, en reconnoissance des
nouveaux bienfaits de Sa Majesté ; elle veut qu'elles
renouvellent en l'honneur du Roi ces Fêtes ᵃ anciennes, ᵃ Ces Fêtes s'appelloient *Fontanalia*.
où on couvroit de fleurs les Urnes des Fontaines ren-
dues célebres par quelqu'événement qui éternisoit leur
gloire.

Vous que L o u i s fixe en ces lieux,
Naïades, à l'envi, que votre onde jaillisse,
Et que son murmure s'unisse
Aux accens d'un Peuple joïeux.
De ce Peuple heureux & fidele
Imitez, s'il se peut, l'amour & les transports.
Du plus puissant des Rois la bonté paternelle
Assûre pour jamais la gloire de vos bords :
Nymphes, soyez reconnoissantes ;
Pour célébrer sa générosité,
Que vos Urnes obéissantes,
En épanchant ici leurs Ondes bienfaisantes,
Y versent la félicité ;
Que leurs cours ne soit arrêté,
Que lors qu'au Temple de Mémoire
De L o u i s finira la gloire,
Le Nom & la Postérité.

C

18

Au dessus de la Porte de l'Hôtel de Ville, on lit dans un Cartouche l'Inscription suivante :

LUDOVICO DECIMO QUINTO,
Regi maximo & optimo,
Pacis reparatori,
Suorum amori,
Et Ludovico Delphino ejus Filio dilectissimo,
Paternarum virtusum emulatori ;
Ob recens Natum Burgundiæ Ducem,
Gallia votorum summam, spem, delicias,
Pacis pignus fidissimum ;
In impotenti exundantis Lætitia impetu,
Et solemni æternæ gratiarum actionis protestatione,
Hoc
Felicitatis publicæ Monumentum,
S. P. Q. R.
D. V. C.
Anno M. DCC LI.

TRADUCTION DE L'INSCRIPTION.

Le Conseil & le Peuple de la Ville de Reims, dans les éfusions de la joie la plus vive, & les témoignages solennels de leur éternelle reconnoissance, dédient, vouent, & consacrent ce Temple de la Félicité publique à LOUIS XV, Roi très-grand & très-bon, le Restaurateur de la Paix, l'amour de son Peuple ; & à LOUIS, Dauphin, son Fils bien-aimé, en réjouissance de l'heu-

reufe Naiffance du Duc de Bourgogne, objet des
vœux de la France, fon efpérance, & fes délices. L'an
du Seigneur mil fept cens cinquante & un.

⁂⁂⁂⁂⁂⁂⁂⁂⁂⁂⁂⁂⁂⁂⁂⁂⁂⁂⁂⁂⁂⁂

La Façade de l'Hôtel de Ville préféntoit par fon
Illumination un autre Spectacle. Au deffus du Balcon
s'élevoit une Eftrade de fix dégrés, où l'on voyoit les
Portraits du Roi & de la Reine, fous un dais enrichi de
Broderies & des Chifres de leurs Majeftés.

La Fête fut annoncée dès le matin par le bruit du
Canon des Remparts. L'Illumination commença vers
les fept heures du foir, au fon des Trompettes, des
Fifres, des Hautbois, des Tambours, & des Tymbales,
fuivi des décharges du Canon & de la Moufquéterie
des Chevaliers de l'Arquebufe : cette Compagnie, par
l'éclat de fon Uniforme, & la legéreté de fes évolu-
tions, ajoutoit à la Fête un nouvel embéliffement.

'L'Illumination, l'Artifice & les Fufées volantes, fem-
blerent donner une efpece de vie aux Figures fymbo-
liques dont le Batiment du Temple étoit décoré ; & pour
donner un nouvel agrément à ce Spectacle, on avoit
placé au Balcon de l'Hôtel de Ville un Chœur nom-

breux de Symphoniftes, dont les airs exprimoient la joie univerfelle. Une joie vive annonçoit le zéle, les vœux, l'amour, & la reconnoiffance de toute la Ville, pour notre augufte Monarque, & ces fentimens étoient éloquemment exprimés par des acclamations & des cris redoublés de *Vive Louis le Bien-aimé*, *Vive la Reine*, *Vive Monfeigneur le Dauphin & Madame la Dauphine*, *Vive Monfeigneur le Duc de Bourgogne.*

Le même jour le Palais Archiépifcopal de Monfeigneur le Prince de Rohan fut magnifiquement illuminé: le bon goût & l'arrangement de cette Illumination attira un grand nombre de Spectateurs.

Monfieur Rogier, Lieutenant des Habitans, fi diftingué par fon zéle pour la Gloire & les Intérêts de la Ville, a voulu dans cette occafion fe rendre le Miniftre de l'allégreffe publique, & l'interprète de l'amour du Peuple pour fon Roi, par une Fête magnifique qu'il a donnée, à laquelle ont été invités le Corps de Ville, les Capitaines de Bourgeoifie, & les Perfonnes les plus diftinguées. Plufieurs Tables ont été fervies avec autant d'ordre que de délicateffe & de magnificence. La façade

& l'intérieur de son Hôtel offroient une Illumination charmante, par le nombre & la difposition des lumieres qui formoient fur la terraffe un Spectacle nouveau, en figurant en feu des Arcades, des Portiques, & dif-férens ornemens d'Architecture.

La Ville de Reims, pour fe conformer aux intentions de Sa Majefté, a conclu qu'il feroit pris fur les deniers dont l'adminiftration lui eft confiée, la fomme de quatre mille livres, pour doter vingt filles.

Chacun s'empreffa de feconder le zéle du Confeil de Ville par des Illuminations, qui furent générales dans toute la Ville.

⁂

Le Deffein du Temple, les Devifes & les Emblemes, ont été imaginés, & les Infcriptions en Vers, compofées par M. D e S a u l x, Chanoine de l'Églife de Reims, & Chancelier de l'Univerfité, & Principal du College.

Permis d'imprimer. A Reims, ce 13 Octobre 1751. B e r g e a t.

[illegible]

[illegible]

[illegible]

www.ingramcontent.com/pod-product-compliance
Ingram Content Group UK Ltd.
Pitfield, Milton Keynes, MK11 3LW, UK
UKHW021717090726
13657UKWH00005B/2295